（宋）蘇軾 撰

明成化本東坡七集

第二一册

國家圖書館出版社

第二册目録

東坡奏議十五卷（卷第六—八）

重刊明成化本東坡七集

[illegible]

東坡奏議卷第六

乞令高麗僧從泉州歸國狀

乞降度牒召人入中斛㪷出糶濟飢等狀

論葉温叟分擘度牒不公狀

乞賜州學書板狀

元祐四年八月　日龍圖閣學士朝奉郎知杭州蘇軾狀奏右臣伏見本州州學見管生員二百餘人及入學叅假之流日益不已蓋見　朝廷尊用儒術更定貢舉條法漸復　祖宗之舊人人慕義學者日衆若學糧不繼使至者無歸稍稍引去甚非　朝廷樂育之意前知州熊本曾奏乞用廢罷市易務書板賜與

州學印賃收錢以助學糧或乞賣與州學限十年還錢今蒙都省指揮只限五年見今轉運司差官重行估價約計一千四百六貫九百八十三文若依限送納即州學歲納二百八十一貫三百九十七文五年之間深為不易學者旦夕闕食而望利於五年之後何補於事而朝廷歲得二百八十一貫三百九十七文如江海之中增損涓滴了無所覺徒使一方士民以謂朝廷既已捐利與民廢罷市易所放欠負動以萬計農商小民銜荷聖澤莫知紀極而獨於此飢寒儒素之士惜毫末之費猶欲於此追收市易之

息流傳四方為損不小此乃有司出納之吝非　朝
廷寛大之政也臣以侍從備位守臣懐有所見不敢
不盡伏望　聖慈特出宸斷盡以市易書板賜與州
學更不估價收錢所貴稍服士心以全國體謹録奏
聞伏候　勑旨
貼黄臣勘會市易務元造書板用錢一千九百
五十一貫四百六十九文自今日以前所收淨
利已計一千八百八十九貫九百五十七文今
若賜與州學除已收淨利外只是實破官本六
十一貫五百一十二文伏乞詳酌施行

奏爲法外刺配罪人待罪狀

元祐四年八月　日龍圖閣學士朝奉郎知杭州蘇軾狀奏右臣自入境以來訪聞兩浙諸郡近年民間例織輕踈糊藥紬絹以備送納和買夏稅官吏欲行揀擇而姦猾人户及攬納人遞相扇和不納好絹致使官吏無由揀擇期限既迫不免受納歲歲如此習以成風故京師官吏軍人但請兩浙衣賜皆不堪好上京綱運歲有估剥日以滋多去年估剥至九十餘貫元納專典枷鏁鞭撻典賣竭產有不能償姑息之弊一至於此臣自到郡欲漸革此弊即指揮受納官

吏稍行揀擇至七月二十七日有百姓二百餘人於
受納場前大叫數聲官吏軍民並皆辟易遂相率入
州衙詣臣喧訴臣以理喻遣方稍引去臣知此數百
人必非齊同發意當有凶姦之人為首糾率宻行葺
探當日據受納官仁和縣丞陳皓狀申有人户顔巽
男顔章顔益納和買絹五疋並是輕踈糊藥丈尺短
少以此揀退其逐人却將專典拍撮及與攬納人等
數百人對監官高聲叫噉奔走前去臣即時差人捉
到顔章顔益二人枷送右司理院禁勘只至明日人
户一時送納好絹更無一人敢行喧鬧續據右司理

院勘到顔章顔益招為本家有和買紬絹共三十七
疋章等為見遞年例只是將輕踈糊藥紬絹納官今
年本州為綱運估剥數多以此指揮要納好絹章等
既請和買官錢每疋一貫不合將低價收買昌化縣
輕踈糊藥短絹納官其顔章又不合與兄顔益商量
若或揀退即須拍撮專揀扇摇衆户叫噉投州嚇脅
官吏令只依遞年受納不堪紬絹尋將買到輕踈糊
藥短絹五疋付揀子家人翁誠納官尋被翁誠覆本
官揀退章等既見衆户亦有似此輕踈短絹多被揀
退尋拍撮翁誠叫屈顔益在後用手推翁誠令顔章

拑去投州即便走出三門前叫屈二聲跳出欄干將
兩手擡起喚衆戶扇揺叫嗷稱一時投州去來衆户
約二百餘人因此亦一時叫嗷相随投州衙喧訴臣
尋體訪得顔章顔益係第一等豪户顔巽之子顔先
充書手因受贜虚消税賦刺配本州牢城尋即用倖
計構胥吏醫人託患放停又為詐將産業重疊當出
官鹽刺配滁州牢城依前託患放停歸鄉父子姦凶
衆所畏惡下獄之日閭里稱快謹按顔益顔章以匹
夫之微令行於衆舉手一呼數百人從之欲以衆多
之勢脅制官吏必欲今後常納惡絹不容臣等少革

前弊情理巨蠹實難含忍本州既以依法決訖臣獨
判云顏章顏益家傳凶狡氣蓋鄉閭故能奮臂一呼
從者數百欲以搖動長吏脅制監官蠹害之深難從
常法已刺配本州牢城去訖仍以散行曉示鄉村城
郭人戶今後更不得織造輕疎糊藥紬絹以備納官
庶幾明年全革此弊伏望 朝廷詳酌備錄臣此狀
下本路轉運司遍行約束曉示所貴今後京師及本
路官吏軍人皆得堪好衣賜及元納專副不至破家
陪填所有臣法外刺配顏章顏益二人亦乞重行
朝典謹錄奏

聞伏候　勑旨

貼黄勘會本州去年發和買夏稅物帛計一十四綱今來只估剥到四綱已及九千餘貫乞下左藏庫方見估剥數目浩大

乞賜度牒修廨宇狀

元祐四年九月　日龍圖閣學士朝奉郎知杭州蘇軾狀奏右臣伏見杭州地氣蒸潤當錢氏有國日皆為連樓複閣以藏衣甲物帛及其餘官屋皆珍材巨木號稱雄麗自後百餘年間官司既無力修換又不忍拆為小屋風雨腐壞日就頽毁中間雖有心長吏

果於營造如孫沔作中和堂梅摯作有美堂蔡襄作清暑堂之類皆務創新不肯修舊其餘率皆因循支撑以苟歲月而近年監司急於財用尤諱修造自十千以上不許擅支以故官舍日壞使前人遺構鞠為朽壤深可歎惜臣自熙寧中通判本州已見在州屋宇例皆傾邪日有覆壓之懼今又十五六年其壞可知到任之日見使宅樓廡欹仄罅縫但用小木横斜撑住每過其下慄然寒心未嘗敢安步徐行及問得通判職官等皆云每遇大風雨不敢安寢正堂之上至於軍資甲仗庫尤為損壞今年六月内使院屋倒

壓傷手分書手二人八月内鼓角樓摧壓死鼓角匠
一家四口内有孕婦一人因此之後不惟官吏家屬
日負憂恐至於吏卒往來無不狼顧臣以此不敢坐
觀尋差官檢計到官舍城門樓櫓倉庫二十七處皆
係大段隳壞須至脩完共計使錢四萬餘貫已具狀
聞奏乞支賜度牒二百道及且權依舊數支公使錢
五百貫以了明年一年監脩官吏供給及下諸州剗
刷兵匠應副去訖臣非不知破用錢數浩大　朝廷
未必信從深欲減節以就約省而上件屋宇皆錢氏
所構規摹高大無由裁撙使為小屋若頓行毀拆改

造低小則目前蕭然便成衰陋非惟軍民不悅亦非
太平美事竊謂　仁聖在上憂愛臣子存卹遠方必
不忍使官吏胥徒日以軀命僥倖苟安於腐棟頹墻
之下兼恐弊漏之極不即脩完三五年間必遂大壞
至時改作又非二百道度牒所能辦集伏望　聖慈
特出宸斷盡賜允從如蒙　朝廷體訪得不合如此
脩完臣伏欺罔之罪謹錄奏　聞伏候　敕旨
乞詩賦經義各以分數取人將來只許詩賦
兼經狀
元祐四年十月十八日龍圖閣學士朝奉郎知杭州

蘇軾狀奏右臣今月五日據本州進士汪溉等一百
四十人詣臣陳狀稱准元祐四年四月十九日勑詩
賦經義各五分取人　朝廷以謂學者久傳經義一
旦添改詩賦習者尚少遂以五分立法是欲優待詩
賦勉進詞學之人然天下學者寅夜競習詩賦舉業
率皆成就雖降平分取人之法緣業已習熟不願再
有改更兼學者亦以　朝廷追復　祖宗取士故事
以詞學為優故士人皆以不能詩賦為耻比來專習
經義者十無二三見今本土及州學生員數從詩賦
他郡亦然若平分解名委是有虧詩賦進士難使捐

已習之詩賦抑令就經義之科或習經義多少各以
分數發解乞據狀敷奏者臣曩者備員侍從實見
朝廷更用詩賦本末蓋謂經義取人以來學者爭尚
浮虛文字止用一律程試之日工拙無辨既去取高
下不厭外論而已得之後所學文詞不施於用以故
更用　祖宗故事兼取詩賦而橫議之人欲收姑息
之譽爭言天下學者不樂詩賦　朝廷重失士心故
為改法各取五分然臣在都下見大學生習詩賦者
十人而七臣本蜀人聞蜀中進士習詩賦者十人而
九及出守東南親歷十郡及多見江湖福建士人皆

爭作詩賦其間工者已自追繼前人專習經義士以
為耻以此知前言天下學者不樂詩賦皆妄也惟河
北河東進士初改聲律恐未甚工然其經義文詞亦
自比他路為拙非獨詩賦也　朝廷於五路進士自
許禮部貢院分數取人必無偏遺一路士人之理今
臣所據前件進士汪溉等狀不敢不奏亦料諸處似
此申明者非一欲乞　朝廷參詳衆意特許將來一
舉隨詩賦經義人數多少各紐分數發解如經義零
分不及一人許併入詩賦額中仍除將來一舉外今
後並只許應詩賦進士舉所貴學者不至疑惑專一

從學謹録奏　聞伏候　勑旨

貼黄詩賦進士亦自兼經非廢經義也

論高麗進奉狀

元祐四年十一月三日龍圖閣學士朝奉郎知杭州蘇軾狀奏臣伏見熈寧以來高麗人屢入朝貢至元豐之末十六七年間館待賜予之費不可勝數兩浙淮南京東三路築城造船建立亭館調發農工侵漁商賈所在騷然公私告病　朝廷無絲毫之益而夷虜獲不貲之利使者所至圖畫山川購買書籍議者以為所得賜予大半歸之契丹雖虚實不可明而契

丹之彊足以禍福高麗若不陰相計構則高麗豈敢
公然入朝中國有識之士以為深憂自　二聖嗣位
高麗數年不至淮浙京東吏民有息肩之喜惟福建
一路多以海商為業其間凶險之人猶敢交通引惹
以希厚利臣稍聞其事方欲覺察行遣今月三日准
秀州差人押到泉州百姓徐戩擅於海舶内載到高
麗僧統義天手下侍者僧壽介繼常頴流院子金保
裴善等五人及賫到本國禮賓省牒云奉本國王旨
令壽介等賫義天祭文來祭奠杭州僧源闍梨臣已
指揮本州送承天寺安下選差職員二人兵級十人

常切照管不許出入接客及選有行止經論僧伴話
量行供給不令失所外已具事由畫一奏稟　朝旨
去訖又據高麗僧壽介有狀稱臨發日奉　國母指
揮令賫金塔二所祝延　皇帝　太皇太后聖壽臣
竊觀其意蓋為　二聖嗣位數年不敢輕來入貢頓
失厚利欲復遣使又未測　聖意故以祭奠源闍梨
為名因獻金塔欲以嘗試　朝廷測知所以待之之
意輕重厚薄不然者豈有欲獻金塔為壽而不遣使
奉表止因祭奠亡僧遂致　國母之意蓋疑中國不
受故為此苟簡之禮以　朝廷若　朝廷待之稍重

則貪心復啓朝貢紛然必爲無窮之患待其已至然
後拒之則又傷恩恭惟　聖明灼見情狀廟堂之議
固有以處之臣忝備侍從出使一路懷有所見不敢
不盡以備採擇謹具畫一如左

一福建狡商專擅交通高麗引惹牟利如徐戩者
甚衆訪聞徐戩先受高麗錢物於杭州彫造夾
注華嚴經費用浩汗印板既成公然於海舶載
去交納却受本國厚賞官私無一人知覺者臣
謂此風豈可滋長若馴致其弊敵國姦細何所
不至兼今來引致高麗僧人必是徐戩本謀臣

已枷送左司理院根勘即當具案聞奏乞法外
重行以戒一路姦民猾商次
一高麗僧壽介有狀稱臨發日國母令賫金塔祝
壽臣以謂高麗因祭奠亡僧遂致 國母之意
苟簡無禮莫斯為甚若 朝廷受而不報或報
之輕則夷虜得以為詞若受而厚報之則是以
重幣荅其苟簡無禮之餽也臣已一面令管勾
職員退還其狀云 朝廷清嚴守臣不敢專擅
奏聞臣料此僧勢不肯已必云本國遣其來獻
壽今若不奏歸國得罪不輕臣欲於此僧狀後

判云州司不奉　朝旨本國又無來文難議投
進執狀歸國照會如此處置只是臣一面指揮
非　朝廷拒絶其獻頗似穩便如以為可乞賜
指揮施行

一高麗僧壽介賫到本國禮賓省牒云祭奠源闍
棃仍諸處尋師學法臣謂壽介等只是義天手
下侍者非國王親屬其來乃致私奠本非國事
待之輕重當與義天殊絶欲乞只許致奠之外
其餘尋師學法出入遊覽之類並不許仍與限
日却差舡送至明州令搭附因便海舶歸國更

不差人舡津送如有買賣許量辨歸裝不得廣
作商販
右謹件如前若如此處置使無厚利以絶其來意上
免
朝廷帑廩無益之費下免淮浙京東公私靡弊
之患臣不勝區區謹録奏 聞伏候 勑旨
乞賑濟浙西七州狀
元祐四年十一月初四日兩浙西路兵馬鈐轄龍圖
閣學士朝奉郎蘇軾狀奏勘會浙西七州軍冬春積
水不種早稻及五六月水退方揷晚秧又遭乾旱早
晚俱損高下並傷民之艱食無甚今歲見今米㪷九

十足錢小民方冬已有飢者兩浙水鄉種麥絶少來
歲之熟指秋為期而熟不熟又未可知深恐來年春
夏之交必有飢饉盜賊之憂本司除已與提轉商量
多方擘畫准備外有合申奏事件謹具畫一如左
一轉運司來年合發上供額斛及補填舊欠共一
百六十餘萬碩本路錢物大抵空匱刻刷變轉
不行官吏急於趂辦務在免責催迫賦租督促
欠負鉗東私酒漏稅之類必倍於平日飢貧之
民無路逃死必將聚為盜賊又緣上供額斛數
目至廣都未有備見今逐州廣行收糴指揮嚴

緊官吏不免遮攔米穀添價貴糴以此斛㪷湧
貴小民乏食欲望　聖慈愍此一方遭罹熙寧
中飢疫人死大半至今城市寂寥少欠官私逋
負十人而九若不痛加賑恤則一方餘民必在
溝壑今來亦不敢望　朝廷別賜錢米但祗寬
得轉運司上供年額錢斛則官吏自然不行迫
急之政而民自受賜矣乞出自宸斷來年本路
上供錢斛且起一半或三分之二其餘候豐熟
日分作二年隨年額上供錢物起發所貴公私
稍獲通濟又恐官吏為見明年既得寬減僥倖

替移更不盡心擘畫收拾以備補填年額乞特
賜指揮須管依年分收簇數足若遇移替具所
簇到數交割與後政承認不得出違年限
一見今逐州和糴常平斛㪷及省倉軍糧又糴封
樁錢上供米名目不一官吏各務趍辦爭奪相
傾以此米價益貴伏望　聖慈速賜勘會如在
京諸倉不待此米支用即令提轉疾速契勘逐
州如省倉不闕軍糧常平糴散有備外更不得
收糴所貴米價稍平小民不至失所　浙中自
來號稱錢荒今者尤甚百姓待銀絹絲綿入市

莫有顧者質庫人戶往往晝閉若得官錢三二千萬散在民間如水救火欲乞指揮提轉令將合上供錢散在諸州稅户令買金銀紬絹充年額起發

一自來浙中姦民結為群黨興販私鹽急則為盜近來　朝廷痛減鹽價最為仁政然結集興販猶未甚衰深恐飢饉之民散流江海之上群黨愈衆或為深患欲乞　朝廷指揮應盜賊情理重及私鹽結聚群黨皆許申鈐轄司權於法外行遣候豐熟日依舊所貴彈壓姦愚有所畏肅

右謹件如前勘會熈寧中兩浙飢饉是時米㪷二百
人死太半父老至今言之流涕今來米㪷已及九十
日長炎炎其勢未已深可憂慮伏望　仁聖哀憐早
行賑恤今來所奏一一並是詣實伏乞詳酌速賜指
揮謹録奏　聞伏候　勑旨

論役法差雇利害起請畫一狀

元祐四年十一月十日龍圖閣學士朝奉郎知杭州
蘇軾狀奏臣自熈寧以來從事郡縣推行役事及元
祐改法臣忝詳定今又出守躬行其法考問吏民備
見雇役差役利害不敢不言雇役之法自第二等以

上人戶歲出役錢至多行之數年錢愈重穀帛愈輕田宅愈賤以至破散化為下等請以熙寧 以前第一第二等戶逐路逐州都數而較之元豐之末則多少相絕較然可知此雇役之法害上戶者一也第四等已下舊本無役不過差充壯丁無所陪備而雇役法例出役錢雖所取不多而貧下之人無故出三五百錢未辦之間吏卒至門非百錢不能解免官錢未納此費已重故皆化為游手聚為盜賊當時議者亦欲蠲免此等而戶數至廣積少成多役錢待此而足若皆蠲免則所喪大半雇法無由施行此雇役之法害

下户者二也今改行差役則二害皆去天下幸甚獨有第三等人户方雇役時每户歲出錢多者不過三四千而今應一役為費少者日不下百錢二年一替當費七十餘千而休閑遠者不過六年則是八年之中昔者徐出三十餘千而今者併出七十餘千苦樂可知也而況農民在官貪吏狡胥恣為蠶食其費又不可以一二數此則差役之法害於中等户者一也今之議者或欲專行差役或欲復行雇法皆偏詞過論也臣愚以謂　朝廷既取六色錢許用雇錢以代中等人户頗除一害以全二利此最良法可久行者

但元祐二年十二月二十四日勑合役空閑人户不及三番處許以六色錢雇州手分散從官承符人此法未為允當何者百姓出錢本為免役今乃限以番次不許盡用留錢在官其名不正又所雇者少未足以紓中等人户之勞法不簡徑使姦吏小人得以伸縮臣到杭州點檢諸縣雇役皆不應法錢塘仁和富實縣分則皆雇人新城昌化將為貧薄反不得雇蓋轉運司特於法外創立式樣令諸縣不得將逐等人户都數通比其貧下縣分第一第二等人户例皆稀少至第三等則户數猥多以此漲起人户皆及三番

然第三等户豈可承當第一等色役則知通計三等乃俗吏之巧薄非　朝廷立法之本意也臣方一面改正施行次旋准元祐四年八月十八日勑諸州衙前投名不足處見役年滿鄉差衙前並行替放且依舊條差役更不支錢又諸州役除吏人衙前外依條定差如空閑未及三年即以助役錢支募此法既下吏民相顧皆所未曉比於前來三番之法尤為不通前史稱蕭何為法講若畫一蓋謂簡徑易曉雖山邑小吏窮鄉野人皆能別白遵守然後為不刊之法也臣身為侍從又忝長民不可不言謹具前件條貫不

便事狀及臣愚見所欲起請者畫一如左

一前件勑節文云看詳衙前自降招募指揮僅及

一年諸州路軍尚有招募投名不足去處其應

役年滿衙前雖依舊支與支酬勒令在役然非

鄉戶情願充應若後更無人願募即鄉戶衙門

卒無替期乃是勒令長名祗應顯於人情未便

今欲將諸州衙前投名不足去處見役年滿鄉

差衙前並行替放且依舊條差役更不支錢如

願投充長名及向去招募到人其雇食支酬錢

即全行支給却罷差充仍除鄉差年限未滿人

户依條理當本户色役外其投募長名之人並
與免本户役錢二十貫文如所納數少不係出
納役錢之人即許會六色合納役錢之人依數
兑放并仰逐處監司相度見役衙門如有虚占
窠名可以省併出處裁減人額却將減下錢數
添搭入重難支酬施行
臣今看詳前件 勑條深為未便凡長名衙前所
以招募不足者特以支錢虧少故也自元豐前
不聞天下有闕額衙前者豈常抑勒差充直以
重難月給可以足用故也當時奉使之人如李

承之沈括吳雍之類每一使至輒以減刻為功至元豐之末衙前支酬可謂僅足而無餘矣而元祐改法之初又行減削多是不支月給以故招募不行今不反循其本乃欲重困鄉差全不支錢而應募之人盡數支給又放免役錢二十貫欲以誘脅盡令應募然而歲免役錢二十千許計會六色人户放免則是應募日增六色錢日減也若天下投名衙前並免此二十千即六色錢存者無幾若只是闕額招募到人方得免放則均是投名厚薄頓殊其理安在　朝廷既

許歲免二十千則是明知支酬虧少以此補足
何如直添重難月給令招募得行所謂計會六
色人户者蓋令衷私商量取錢若遇頑猾人户
抵賴不還或將諸物高價准折訟之於官經涉
歲月乃肯備償則衙前所獲無幾何如官支二
十千朝請暮獲豈不簡徑易曉故臣愚以謂上
件　勑條必難久行議者多謂官若添錢招募
則姦民觀望未肯投名以待多添錢數今來計
會六色人户放免役錢正與添錢無異雖巧作
名目其實一般大抵支錢既足萬無招募不行

之理自熙寧以來無一人闕額豈有今日頓不
應募臣今起請欲乞行下諸路監司守令應闕
額長名衙門須管限日招募數足如不足即具
元豐以前因何招募得行今來因何不足事由
申奏如合添錢雇募即與本路監司商議一面
施行訖具委無大破保明聞奏若限滿無故招
募不足即取勘干繫官吏施行如此不過半年
天下必無闕額長名衙前而所添錢數未必人
人歲添二十千兼止用坊場河渡錢非如今法
計會放免侵用六色錢也

一前件　勑節文云看詳鄉差人户物力厚薄等第高下丁口進減放不常定恐難限以番次召募不若約空閑之年以定差法立役次輕重雇募役人顯見均當兼可以將寬剩役錢裁減無丁及女户所出錢數欲諸州役除吏人衙前外依條定差如空閑未及三年即據未及之户以助役錢支募候有户罷支已募之人各依本役年限候滿日差罷今後遇有支遣准此及以一路助役錢除依條量留一分准備外據餘剩錢數却於無丁及女户所出役錢内量行裁減具數奏聞所有先降雇募州役及分

番指揮更不許

臣今看詳諸役　以二年為一番向來指揮如

空閑人户不及三番則令雇募是　聖恩本欲

百姓空閑六年也今來無故忽減作三年吏民

無不愕然以謂中等人户方苦差役正望

朝廷別加寬恤而六色錢幸有餘剩正可加添

番數而乃減作三年農民皆紛然相告云向來

差役雖甚勞苦然　朝廷猶許我輩閑了六年

今來只許閑得三年必是　朝廷別要此錢使

用方　二聖躬行仁厚天下歸心忽有此言布

閭遠迺深為可惜雖云量留一分准備外據餘
剩數却於無丁及女户所出役錢内量行裁減
此乃空言無實止是建議之人假為此名以濟
其説臣請為　朝廷詰之人户差役年月人人
不同本縣有户無户日日不同加以税産開收
丁口進退雖有聖智莫能前知當雇當差臨事
乃定如何於一年前預知來年合用錢數見得
寛剩便行減放臣知此法必無由施行但空言
而已若今來寛剩已行減放來年不足又須却
增增減紛然簿書淆亂百弊横生有不可勝言

者矣方今中等人户正以應役爲苦而六色人
户猶以出錢爲樂苦者更減三年樂者又行減
放其理安在大抵六色錢本緣免役理當盡用
雇人除量留准備外一文不合樁留然後事簡
而法意通名正而人心服惟有一事不得不加
周慮蓋逐州逐縣六色錢多少不同若盡用雇
人則苦樂不齊錢多之處役户太優與六色人
户相形反爲不易臣今起請欲乞今後六色錢
常樁留一年准備如元祐四年只得用元祐二年錢其二年錢樁留准備用及約
度諸般合用錢謂如官吏請雇人錢之類外其餘委自提刑轉

運與守令商議將逐州逐縣人户貧富色役多
少預行品配以一路六色錢通融分給令州縣
盡用雇人以本處色役輕重為先後如此則事
簡而易行錢均而無弊雇人稍廣中户漸蘇則
差役良法可以久行而不變矣
貼黄若行此法令後空閑三年人户官吏隱庇
不差却行雇募無由點檢縱許人告自非多事
好訟之人誰肯告訴若有本等已上閑及三年
未委專以空閑先後為斷為復參用物力高下
定差既無果決條貫今後詞訟必多

右謹件如前　朝廷改法數年至今民心紛然未定臣在外服目所親見正為此數事耳伏望　聖慈與執政大臣早定此法果斷而行之若還付有司則出納之吝必無成議日復一日農民凋弊所憂不小臣干犯　天威謹俟斧鉞之誅謹録奏　聞伏候
勑旨

論高麗進奉第二狀

元祐四年十一月十三日龍圖閣學士朝奉郎知杭州蘇軾狀奏右臣近奏為高麗僧壽介狀稱臨發日奉國母指揮將金塔二所附壽介前來祝延　皇帝

太皇太后聖壽臣已一面退還其狀仍令本州所差
伴話僧思義只作己意體問所獻金塔次第其高麗
僧壽介知臣不為聞奏方始將出僧統義天付身文
字以示思義乃是欲將金塔二所捨入杭州惠因院
等處祝延　聖壽仍云隨身收管不可擅動元封侯
續有疏文到日方可施納以此顯見高麗人將此金
塔嘗探中國意度臣既退還其狀將來必是自將此
塔捨在惠因等院既是朿私捨施僧院即　朝廷難
為回賜若受而不報朿屬性貪或生怨望伏望　朝
廷檢會臣前奏早賜指揮如壽介等將上件金塔捨

施亦乞只作臣意度一面荅不奉　朝旨不敢令僧
院收留所貴稍絕後患謹錄奏　聞伏候　勑旨
貼黄臣體問得惠因院亡僧淨源本是庸人只
因多與往還致商人等於高麗國中妄有談說
是致義天遠來從學因此本院厚獲施利而淮
浙官私徧遭擾亂今來又訪聞得還是本院行
者姓顏人賫持淨源眞影舍利隨舶船過海是
致義天復差人祭奠臣見令所司根勘候見詣
實奏聞次今來若許惠因院收留金塔乃是庸
人姦猾自圖厚利為國生事深為不可

乞令高麗僧從泉州歸國狀

元祐四年十二月三日龍圖閣學士朝奉郎知杭州蘇軾狀奏臣近爲泉州商客徐戩帶領高麗國僧統義天手下侍者僧壽介等到來杭州致祭亡僧淨源因便帶到金塔二所遂具畫一事由聞奏已准朝旨許令壽介等致祭亡僧淨源畢差人舡送到明州附因便海船歸國如淨源徒弟願與回贈物色即量度回贈本州已依准指揮許令壽介等致祭淨源了畢其徒弟量將土儀回贈壽介等收受所有帶到金塔二所據壽介等令監伴職員前來告臣云恐帶回

本國得罪不輕臣已依元奏詞語判狀付遂僧執歸

本國照會及本州即時差撥人舡乘載壽介等亦將

米麵蠟燭之類隨宜餞送遂僧於十一月三十日起

發前去外訪聞明州近日少有因便商客入高麗國

竊恐久滯遂僧在彼不便竊聞泉州多有海船入高

麗往來買賣除已牒明州契勘如壽介等到來年卒

無因便船舡即一面申奏乞發往泉州附舡歸國外

須至奏聞者

右伏乞　朝廷特降指揮下明州疾速契勘依此施

行所貴不至住滯謹録奏　聞伏候　勑旨

乞降度牒召人入中斛㪷出糶濟飢等狀

元祐五年二月十四日龍圖閣學士朝奉郎知杭州蘇軾狀奏右臣近指揮本州令在州并倚郭兩縣糶常平米一千石及外七縣大縣日糶百石小縣五十石約計日糶五百餘石自二月至六月終將見管裏外常平米均匀兊撥除本州倚郭略已足用外其餘七縣見闕三萬餘石雖蒙　朝廷賜上供米二十萬石於本路出糶已準轉運司牒報於越睦州撥三萬石與杭州然本州年計見闕軍糧六萬餘石越睦州米尚不了兊充軍糧更無緣出賣以此外縣出糶實

闕三萬餘石臣已一面指揮諸縣那移般運開場出
糶以平米價庶幾深山窮谷小民不至大段失所然
約度見管米數恐只至四五月間必然糶盡若秋穀
未登糶場不繼即民間頓然闕食深可憂慮臣勘會
諸州例皆闕米縱使督迫轉運提刑司必是無處擘
畫那移應副惟有一策恐可濟辦緣臣去歲曾奏乞
度牒二百道修完本州廨宇未蒙施行臣於十二月
末曾作書與太師文彦博以下執政八人乞早奏陳
特許給上件度牒二百道臣欲權將上件度牒召募
蘇湖常秀人户令於本州闕米縣分入中斛㪷以優

價入中減價出賣約可得二萬五千石糶得一萬五千貫訪聞蘇湖常秀雖其災傷富民却薄有蓄積若以度牒召募必肯入中却以此錢修完廨宇庶幾先濟飢殍之民後完久壞屋宇兩事皆濟則吏民荷德無窮臣發此書已四十餘日至今無報不免干冒
朝廷上瀆　聖聽伏乞　聖慈深哀本州外邑溪谷之民將墜溝壑特發　宸斷速賜允從臣無任惶恐戰慄待罪之至謹錄奏　聞伏候　勑旨

論葉温叟分擘度牒不公狀

元祐五年二月十八日龍圖閣學士左朝奉郎知杭

州蘇軾狀奏今月十七日准轉運使葉温叟牒杭州
准尚書禮部符准元祐五年正月二十六日　勑勘
會兩浙淮南路見係災傷民間谷價湧貴雖已降指
揮減撥上供斛㪷出糶及依條賑恤外切慮所用斛
㪷數多不能周足牒奉　勑各出給空名度牒三百
道付逐路轉運提刑鈐轄司分擘與災傷州軍召人
入納斛㪷或見錢糴入官司封樁及諸色斛㪷添助
賑濟支用者省部今依准　勑命指揮出給到空名
度牒三百道并封皮須至符送者符當司主者候到
一依前項　勑命指揮及照會元祐勑令疾速施行

仍闕提刑鈐轄司及合屬去處不管稍有違悞者當
司契勘杭越蘇湖常秀潤衢婺台等州災傷放税除
衢州放税只及二釐不至災傷更不撥外今將杭越
等九州放税錢數衮紐每州合得道數須至行遣數
内杭州三十道者臣看詳上件　勑旨爲兩浙淮南
路災傷各出給空名度牒三百道付逐路轉運提刑
鈐轄司分擘與災傷州軍轉運司既受上件　勑旨
即合與提刑及浙東西兩路鈐轄司商量分擘仍須
參州郡大小户口衆寡及災傷分數品配合得道數
依公分擘今來轉運使葉温叟因出巡蘇秀等州在

路受得上件　勑旨便敢公然違戾更不計會提刑及兩路鈐轄司亦不與轉運判官張璹商議便一面擅行分擘内杭州只得三十道切縁杭州城内生齒不可勝數約計四五十萬人裏外九縣主客户口共三十餘萬今來檢放水旱雖只計一分六釐又縁杭州自來土産米穀不多全仰蘇湖常秀等州般運斛㪷接濟若數州不熟即杭州雖十分豐稔亦不免為飢年自去歲十月以後米價湧長至每㪷九十足錢近歲浙中難得見錢每㪷九十便比熈寧以前百四五十因糴常平米每日不下五六萬人爭糴方免餓

殍今來　聖恩憂恤一路委自提轉及兩路鈐轄司
分擘度牒而温叟獨出私意只分與杭州三十道内
潤州人户比杭州十分纔及一二却分得一百道其
餘多少任情未易悉數致杭州百姓例皆咨怨將謂
聖恩偏厚潤州不及杭州不知自是温叟公違　勑
旨任情分擘須至奏陳者　右臣先於二月四日奏
爲杭州諸縣出糶官米自二月至六月終闕三萬餘
石乞特賜度牒二百道召人入中米外縣吏民日夜
企望　朝廷施行雖大旱望雨執熱思濯未喻其急
度奏狀未到間已蒙　朝廷施行乃是　聖明洞照

數千里外事有如目覩今乃為轉運使葉温叟自出
私意多少任情以杭州衆大甲於兩路只分與三十
道吏民驚駭莫曉其意臣竊原　聖意蓋謂提刑專
主賑濟鈐轄司專管災傷盜賊故令轉運司與兩司
同共相度分擘今温叟並不計會兩司及轉運判官
直自一面任意分擘牒送諸州更不關報鈐轄司臣
忝為侍從出使一路温叟似此淩蔑肆行臣若不言
必無人更敢論列況杭州見今裏外一十九處開場
糶米糴者如雲雖寄居待闕官員亦行差請杭人素
來驕奢本以糴官米為耻若非飢急豈肯來糴此皆

温叟與諸監司所共目覩今來只分三十道深駭物
聽切緣度牒三百道約直錢五萬餘貫所在商賈富
民為之奔走汹動而温叟一面任意分擘更不計會
逐司豈得穩便兼臣訪聞去歲諸郡檢放稅賦多有
不實不盡只如蘇州積水瀰望衆所共見今來放稅
分數反不及潤州蓋是檢放官吏覬望漕司意指及
各隨本州長吏用意厚薄未必皆是的實今來温叟
專用放稅分數為斷深為未允縱使檢放得實而州
郡大小户口多寡不同亦合參酌品配從逐司公共
相度分擘方得允當今來但係温叟所定賑濟州郡

即多得度牒應係別人地分例皆斬惜不與顯見全
然不公臣已牒轉運司請細詳上件　朝旨計會提
刑鈐轄司依公分擘去訖深慮温叟未肯聽從縱肯
聽從不過量添三二十道亦是支用不足伏望　聖
慈體念杭州元奏闕米三萬石本乞度牒二百道方
稍足用今來不敢更望上件數目只乞特賜指揮於
三百道内支一百五十道與杭州況其餘州軍元無
奏請闕米去處將其餘一百五十道分與亦無闕事
伏乞早賜指揮所貴災傷之民均受　聖澤不至以
一失私意專制多少謹録奏　聞伏候　勑旨

貼黃杭州元奏闕米三萬石乞度牒三百道今
來轉運使只與三十道潤州元不奏闕米顯是
常平錢米足用今來却與一百道深駭物聽乞
朝廷詳酌諸州元無奏請闕米去處若依臣所
奏分與一百五十道已出望外杭州若得一百
五十道猶未足用乞自
聖旨分擘施行若只
下本路其轉運使葉温叟必是遂非不肯應副

東坡奏議卷第六

東坡奏議卷第七

乞開杭州西湖狀

元祐五年四月二十九日龍圖閣學士左朝奉郎知杭州蘇軾狀奏右臣聞天下所在陂湖河渠之利廢

興成敗皆若有數惟聖人在上則興利除害易成而難廢昔西漢之末翟方進為丞相始決壞汝南鴻隙陂父老怨之歌曰壞陂誰翟子威飯我豆羹芋魁反乎覆陂當復誰言者兩黃鵠蓋民心之所欲而託之天以為有神下告我也孫皓時吳郡上言臨平（湖自漢末草穢壅塞今忽開通長老相傳此湖開天下平皓以為已瑞已而晉武帝平吳由此觀之陂湖河渠之類）久廢復開事關興運雖天道難知而民心所欲天必從之杭州之有西湖如人之有眉目蓋不可廢也唐長慶中白居易為刺史方是時湖溉田千餘頃及錢氏有國置撩湖兵士千人日夜開浚自國初以來稍

廢不治水涸草生漸成葑田熙寧中臣通判本州則湖之葑合蓋十二三耳至今纔十六七年之間遂堙塞其半父老皆言十年以來水淺葑橫如雲翳空倏忽便滿更二十年無西湖矣使杭州而無西湖如人去其眉目豈復為人乎臣愚無知竊謂西湖有不可廢者五天禧中故相王欽若始奏以西湖為放生池禁捕魚鳥為人主祈福自是以來每歲四月八日郡人數萬會于湖上所活羽毛鱗介以百萬數皆西北向稽首仰祝千萬歲壽若一旦堙塞使蛟龍魚鼈同為涸轍之鮒臣子坐觀亦何心哉此西湖之不可廢

者一也杭之為州本江海故地水泉鹹苦居民零落
自唐李泌始引湖水作六井然後民足於水井邑日
富百萬生聚待此而後食今湖狹水淺六井漸壞若
二十年之後盡為葑田則舉城之人復飲鹹苦其勢
必自耗散此西湖之不可廢者二也白居易作西湖
石函記云放水溉田每減一寸可灌十五頃每一伏
時可灌五十頃若蓄洩及時則瀕河千頃可無凶歲
今雖不及千頃而下湖數十里間茭菱穀米所獲不
貲此西湖之不可廢者三也西湖深闊則運河可以
取足於湖水若湖水不足則必取足於江潮潮之所

過泥沙渾濁一石五斗不出三歲輒調兵夫十餘萬
功開浚而河行市井中蓋十餘里吏卒搔擾泥水狼
籍爲居民莫大之患此西湖之不可廢者四也天下
酒官之盛未有如杭者也歲課二十餘萬緡而水泉
之用仰給於湖若湖漸淺狹水不應溝則當勞人遠
取山泉歲不下二十萬功此西湖之不可廢者五也
臣以侍從出膺寵寄目覩西湖有必廢之漸有五不
可廢之憂豈得苟安歲月不任其責輒已差官打量
湖上葑田計二十五萬餘丈度用夫二十餘萬功近
者伏蒙 皇帝陛下 太皇太后陛下以本路饑饉

特寛轉運司上供額斛五十餘萬石出糶常平米亦數十萬石約敕諸路不取五穀力勝稅錢東南之民所活不可勝計今又特賜本路度牒三百而杭獨得百道臣謹以聖意增價召人中米減價出賣以濟飢民而增減耗折之餘尚得錢米約共一萬餘貫石臣輒以此錢米募民開湖度可得十萬功自今月二十八日興功農民父老縱觀太息以謂二聖既捐利與民活此一方而又以其餘弃興久廢無窮之利使數千人得食其力以度此凶歲蓋有泣下者臣伏見民情如此而錢米有限所募未廣葑合之地尚存太

半若來者不嗣則前功復弃深可痛惜若更得度牒
百道則一舉募民除去淨盡不復遺患矣伏望
皇帝陛下　太皇太后陛下少賜詳覽察臣所論西
湖五不可廢之狀利害較然特出　聖斷別賜臣度
牒五十道仍勑轉運提刑司於前來所賜諸州度牒
二百道内契勘賑濟支用不盡者更撥五十道價錢
與臣通成一百道使臣得盡力畢志半年之間目見
西湖復唐之舊環三十里際山為岸則農民父老與
羽毛鱗介同詠　聖澤無有窮已臣不勝大願謹錄
奏　聞伏候　勑旨

貼黃目下浙中梅雨葑根浮動易為除去及六
七月大雨時行利以殺草芟夷蘊崇使不復滋
蔓又浙中農民皆言八月斷葑根則死不復生
伏乞　聖慈早賜開允及此良時興功不勝幸
甚
又貼黃本州自去年至今開浚運河引西湖水
灌注其中今來開除葑田逐一利害臣不敢一
一煩瀆　天聽別具狀申三省去訖
申三省起請開湖六條狀
元祐五年五月初五日龍圖閣學士左朝奉郎知杭

州蘇軾狀申軾於熙寧中通判杭州訪問民間疾苦
父老皆云若運河淤塞遠則五年近則三年率常一
開後不獨勞役兵民而運河自州前至北郭穿闤闠
中蓋十四五里每將興工市肆洶動公私騷然自胥
吏壕柵兵級等皆能恐喝人户或方當於某處置土
某處過泥水則居者皆有失業之憂既得重賂又轉
而之他及土役既畢則房廊邸店作踐狼籍園圃隙
地例成丘阜積雨蕩濯復入河中居民患厭未易悉
數若三五年失開則公私壅滯以尺寸水行數百斛
舟人牛力盡跬步千里雖監司使命有數日不能出

郭者其餘艱阻固不待言問其所以頻開屢塞之由皆云龍山浙江兩閘日納潮水沙泥渾濁一汛一淤積日稍久便及四五尺其勢當然不足怪也軾又問言潮水淤塞非獨近歲若自唐以來如此則城中皆為丘阜無復平田今驗所在堆疊泥沙不過三五十年所積耳其故何也父老皆言錢氏有國時郡城之東有小堰門既云小堰則容有大者昔人以大小二堰隔截江水不放入城則城中諸河專用西湖水水既清澈無由淤塞而餘杭門外地名半道洪者亦有堰名為清河意亦愛惜湖水不令走下自天禧中故

相王欽若知杭州始壞此堰以快目下舟楫往來今
七十餘年矣以意度之必自此後湖水不足於用而
取足於江潮又況今者西湖日就堙塞昔之水面半
為葑田霖潦之際無所豬畜流溢害田而旱乾之月
湖自減涸不能復及運河謹按唐長慶中刺史白居
易浚治西湖作石函記其略曰自錢塘至鹽官界應
溉夾河田者皆放湖入河自河入田每減一寸可溉
十五頃每一伏時可溉五十頃若堤坊如法蓄泄及
時則瀕湖千頃無凶年矣由此觀之西湖之水尚能
自運河入田以溉千頃則運河足用可知也軾於是

時雖知此利害而講求其方未得要便今者蒙恩出
典此州自去年七月到任首見運河乾淺使客出入
艱苦萬狀穀米薪蒭亦緣此暴貴尋𠜂刷捍江兵士
及諸色廂軍得千餘人自十月興功至今年四月終
開浚茆山監橋二河各十餘里皆有水八尺以上見
今公私舟舡通利父老皆言自三十年已來開河未
有若此深快者也然潮水日至淤塡如舊則三五年
間前功復弃軾方講問其策而臨濮縣主簿監在城
商稅蘇堅建議曰江潮灌注城中諸河歲月已久若
遽用錢氏故事以堰閘却之今自城外轉過不惟事

體稍大而湖面葑合積水不多雖引入城未可全恃
宜參酌古今且用中策今城中運河有二其一曰茆
山河南抵龍山浙江閘口而北出天宗門其一曰鹽
橋河南至州前碧波亭下東合茆山河而北出餘杭
門餘杭天宗二門東西相望不及三百步二河合於
門外以北抵長河堰下今宜於鈐轄司前創置一閘
每遇潮上則暫閉此閘令龍山浙江潮水徑從茆山
河出天宗門俟一兩時辰潮平水清然後開閘則鹽
橋一河過闤闠中者永無潮水淤塞開淘搔擾之患
而茆山河縱復淤填乃在人户稀少村落相半之中

雖不免開淘而泥土有可堆積不為人患潮水自茅山河行十餘里至梅家橋下始與鹽橋河相通潮已行遠泥沙澄墜雖入鹽橋河亦不淤塡自來潮水入茅山鹽橋二河只淤塡十里自十里以外不曾開淘此已然之明効也茅山河既日受潮水無緣淈竭而鹽橋河底低茆山河底四尺梅家橋下量得水深四尺而碧波亭前水深入尺則鹽橋河亦無淈竭之理然猶當過慮以備乏水今西湖水貫城以入于清湖河者大小凡五道一暗門外斗門一所一湧金門外水閘一所一集賢亭前水覓一所一集賢亭後水閘一所一菩提寺前斗門一所皆自清湖河而下以北出餘杭門不復與城中運河相灌輸此最可惜宜於湧金門內小河中

置一小堰使暗門湧金門二道所引湖水皆入法慧寺東溝中南行九十一丈則鑿爲新溝二十六丈以東達于承天寺東之溝又南行九十丈復鑿爲新溝一百有七丈以東入于猫兒橋河口自猫兒橋河口入新水門以入于鹽橋河則咫尺之近矣此河下流則江潮清水之所入上流則西湖活水之所注永無乏絕之憂矣而湖水所過皆闤闠曲折之間頗作石櫃貯水使民得汲用澣濯且以備火災其利甚慱此所謂參酌古今而用中策也軾尋以堅之言使通直郎知仁和縣事黄僎相度可否及率僚吏躬親驗視

一一皆如堅言可成無疑也謹以四月二十日興功開導及作堰閘且以餘力修完六井杭州城中多鹵地無甘井唐刺史李泌始作六井皆引湖水注其中歲久不治熙寧中知州陳襄與軾同擘畫修完而功不堅至今復廢壞軾今改作瓦筒又以塼石培甃固護可以堅久皆不過數月可以成就而本州父老農民覩此利便相率詣軾陳狀凡一百一十五人皆言西湖之利上自運河下及民田億萬生聚飲食所資非止為游觀之美而近年以來堙塞幾半水石日減茭葑日滋更二十年無西湖矣勸軾因此盡力開之軾既深愧其言而患兵工寡少費用之資無所從出父老皆言竊聞　朝廷近賜度牒一百

道每道一百七十貫爲錢一萬七千貫本州既髙估
米價召人入中減價出糶以濟飢民消折之餘尚有
錢米約共一萬貫石若支用此亦足以集事矣適會
錢塘縣尉許敦仁建言西湖可開狀其略曰議者欲
開西湖久矣自太守鄭公戩以來苟有志於民者莫
不以此爲急然皆用工滅裂又無以善其後葢西湖
水淺葑茭壯猛雖盡力開撩而三二年間人工不繼
則隨手葑合與不開同竊見吴人種菱每歲之春芟
除澇漉寸草不遺然後下種若將葑田變爲菱蕩永
無茭草堙塞之患今乞用上件錢米雇人開湖候開

成湖面即給與人户量出課利作菱蕩租佃獲利既厚歲歲加功若稍不除治徽生茭葑即許人刻賃但使人户常憂刻奪自然盡力永無後患今有錢米一萬貫石度所雇得十萬每功約開葑一丈亦可添得十萬丈水面不為小補若量破錢米召募飢民興役必不濟事若每日破米三升錢五十五文足雇一強壯人夫然後可使雖云強壯然難食之歲使數千人得食其力以度凶年亦歸於賑濟也軾尋以敦仁之策參考衆議皆謂允當已一面牒本州依敦仁擘畫支上件錢米雇人仍差捍江舡務樓店務兵士共五百人般載葑草於四月二十八日興功去訖今來有合行起請事件謹具畫一如左

一今來所創置鈐轄司前一閘雖每遇潮上閉得
一兩時辰而公私舟舡欲出入閘者自須先期
出入必不肯端坐以待閉閘兼更有茅山一河
自可通行以此實無阻滯之患而能隔截江潮
徑自茅山河出天宗門至鹽橋一河永無堙塞
開淘搔擾之患為利不小恐來者不知本末以
阻滯為言輕有變改積以歲月舊患復作今來
起請新置鈐轄司前一閘遇潮上閉訖方得開
龍山浙江閘候潮平水清方得却開鈐轄司前閘
一鹽橋運河岸上有治平四年提刑元積中所立

石刻為人户屋舍侵占牽路已行除拆外具載
闊狹丈尺今方二十餘年而兩岸人户復侵占
牽路蓋屋數千間却於屋外别作牽路以致河
道日就淺窄準此據理並合拆除本州方行相
度而人户相率經州乞據逐人家後丈尺各作
木岸以護河堤仍據所侵占地量出賃錢官為
樁管準備修補木岸乞免拆除屋舍本州已依
狀施行去訖令來起請應占牽路人户所出賃
錢並送通判廳收管準備修補河岸不得别將
支用如違並科違制

一自來西湖水面不許人租佃惟菼葑之地方許
請賃種植今來既將葑田開成水面須至給與
人户請佃種菱深慮歲久人户日漸侵占舊來
水面種植官司無由覺察已指揮本州候開湖
了日於今來新開界上立小石塔三五所相望
為界亦須至立條約束今來起請應石塔以内
水面不得請射及侵占種植如違許人告每丈
支賞錢五貫文省以犯人家財充
一湖上種菱人户自來鬻割葑地如田塍狀以為
疆界緣此即漸葑合不可不禁今來起請應種

菱人户只得標挿竹木為四至不得以巒葑為界如違亦許人剗賃

一本州公使庫自來收西湖菱草蕩課利錢四百五十四貫充公使今來既開草葑盡變為菱蕩給與人户租佃即今後課利亦必稍增若撥入公使庫未為穩便今來起請欲乞應西湖上新舊菱蕩課利並委自本州量立課額今後永不得增添如人户不切除治致少有草葑即許人剗賃其剗賃人特與權免三年課利所有新舊菱蕩課利錢盡送錢塘縣尉司收管謂之開湖

司公使庫更不得支用以備逐年雇人開葑撩
淺如敢別將支用並科違制
一錢塘縣尉廨宇在西湖上今來起請今後差錢
塘縣尉銜位内帶管勾開湖司公事常切點檢
纔有菱葑即依法施行或支開湖司錢物雇人
開撩替日委後政點檢交割如有茭葑不切除
治即申所屬點檢申吏部理爲遺闕
以上六條並刻石置知州及錢縣尉廳上常
切點檢
右謹件如前勘會西湖葑田共二十五萬餘丈合用

人夫二十餘萬功上件錢米約可雇十萬功只開得
一半軾已具狀奏聞乞別賜度牒五十道通成一百
道充開湖費用外所有逐一子細利害不敢一一紊
煩天聽伏乞僕射相公門下侍郎中書侍郎尚書左
丞尚書右丞特賜詳覽前件所陳利害及起請六事
逐一敷奏立爲本州條貫早賜降下依禀施行兼畫
成地圖一面隨狀納上謹具狀申三省謹狀
奏戶部拘收度牒狀
元祐五年五月二十七日龍圖閣學士左朝奉郎知
杭州蘇軾狀奏右臣近者伏見二聖遇災而懼憂

勞四方所以拯救飢民者可謂至矣兩浙淮南蒙賜度牒六百道而杭揚二州各得百道吏民鼓舞歌詠聖澤曾未數日而淮西提刑申户部本路常平斛㪷足用不須上件度牒兩浙轉運提刑亦申本路今年豐熟别無流民是致户部申都省却乞拘收度牒錢斛以備别時支用都省更不奏禀聖旨便行下本路提刑司依户部所申施行臣勘會自來聖恩以災傷特賜錢物賑濟即無似此中變却自都省行下追收體例深駭物聽淮浙兩路去歲灾傷之甚行路備知便使今年秋穀大稔猶恐未補瘡痍而況春夏

之交稻秧未了未委逐路提轉如何見得今年秋熟
便申豐稔顯是小臣無意卹民專務獻諂而戶部都
省樂聞其言即時施行追寢二聖已行之澤百姓聞
之皆謂　朝廷不惜飢民而惜此數百紙度牒中路
翻悔爲惠不終臣忝備禁從受恩至深不忍小臣惑
誤執政屯膏反汗虧汙聖德惜毫毛之費致丘山之
損是以冒昧獻言伏望　聖慈察臣孤忠留中省覽
更不降出只作　聖意訪聞戒飭執政令速降指揮
更不得拘收一依前降　聖旨盡用賑濟所貴艱食
之民始終被惠亦免二聖已行恩命反覆追收失信

天下臣不勝區區謹録奏　聞伏候　勑旨

貼黄臣近有狀奏乞更賜度牒五十道用開西

湖葑田仍以一面指揮本州將前來度牒變轉

賑濟外所餘錢米召募艱食之民興功開淘今

來纔及一月漸以見功吏民踊躍從事農工父

老無不感悦忽蒙都省拘收錢米自指揮到日

更不敢支動吏民失望前功併棄深可痛惜伏

乞出自　聖意指揮三省檢會前奏早賜施行

臣自以受恩深重每有所見不敢不盡今者上

忤執政下忤户部監司伏望　聖慈愍臣孤忠

不避仇怨特乞留中不出以全臣子

應詔論四事狀

元祐五年六月初九日龍圖閣學士左朝奉郎知杭州蘇軾狀奏臣近者伏覩邸報以諸路旱災内出手詔兩道其略曰豈政治失當事之害物者尚多上下戹塞情之不通者非一刑或不稱其罪用或不當其人又曰意者政令寬弛吏或為害而莫知賦役失當民病於事而莫察忠言有壅而未達賢材有抑而未用臣伏讀至此感憤涕泣而言曰嗚呼　陛下即位改元于今五年三出此言矣雖禹湯之聖不惜罪己

而臣子之心誠不忍聞思有以少補聖政助成應天之實使堯舜之仁名言皆行心迹相應庶幾天人感通災沴不作免使君父數出此言不勝拳拳孤忠而智慮短淺又以出守外服不能盡知 朝政得失獨以目所親見民之疾苦州縣官吏日夜奉行殘傷其飢體散離其父子破壞其生業為國斂怨而了無絲毫上助國用者四事昧死獻言謹具條件如左

一伏見元祐四年八月十九日 勑節文應見欠市易人户籍納拘收產業自來所收課利及估賣到諸般物色錢已及官本別無失陷除已有

人承買交業外並特給還未足者許貼納收贖
仍不限年四方聞之莫不鼓舞歌詠以謂
聖恩深厚獨知民隱誠三王推本人情之政也
尋契勘杭州共有一百一十二户合該上項
勑條方且次第施行次忽准尚書户部符據蘇
州申明如何謂之折納如何謂之籍納本部已
依條估覆供認伏定入官折還欠錢謂之折納
已經估覆三估不伏定即以所估高價籍定者
謂之籍納惟籍納産業方許給還用此契勘遂
無一户可以應得指揮至有已給再追者於是

百姓讙然出訴于庭以謂某等自失業已來父
母妻子離散轉在溝壑久無所歸伏幸　仁聖
在上昭恤如此命下之初如蒙更生今者有司
沿文生意又復壅隔雖有惠澤蓋與無同臣即
看詳元初立法本為興置市易已來凡異時民
間生財自養之道一切收之公上小民既無他
業不免與官中首尾膠固以至供通物產召保
立限增價出息賒貸轉變以苟趨目前之急及
至限滿不能填償又理一重息罰歲月益久逋
欠愈多科決監錮以逮妻孥市易官吏方且計

較功賞巧為文詞致許人户願以屋業及田土
折納還官各以差官檢估取伏定文狀了日理
作季限放免息罰召人添價收買方人户在係
纍之時州縣督責嚴急如有產業田土豈復自
能為主檢估伏認勢須在官雖名情願實只空
文唯是頑狡之人或能抵拒以至三估未肯供
狀及其既納皆是折還欠錢並籍在官有何不
同 聖恩寬大特為立法以救前日之弊所稱
籍納只是臨時立文出於偶爾而有司執閡妄
意分别若果如申明即是善良畏事之人不蒙

憂恤元初恃頑狡猾與官爲競之民却被惠澤
事理如此豈不倒置不惟元條無此明文實恐
非朝廷綏養窮困之意及檢會元祐四年三
月二十六日勅人户欠市易官錢將樓店屋
產折納在官並將所收房課充折別無少欠亦
許給還亦不曾分別折納籍納以此相明顯無
可疑自是蘇州官吏巧薄以刻爲忠曲有申明
而户部吝於出納以害仁政伏乞特加詳察不
以折納籍納並依元條施行所貴失業之人均
被聖恩

一伏見元祐元年九月八日勑尚書户部狀據提
點兩浙刑獄公事喬執中奏熈寧四年後來至
元豐三年以前新法積欠鹽錢及有均攤等人
陪填見今貧乏無可送納已累經赦恩比類市
易等錢只今送納產監場監官本價錢其餘並
乞除放等事本部勘當欲並依喬執中所奏前
項事理施行仍連狀奏　聖旨依及準提刑司
備坐元奏積欠監錢前後官司催納僅及六年
催到貫萬不少今來所欠並是下等貧困之人
無可送納已累經赦恩及逐節事理遂具狀申

奏今准省符前項指揮請詳　朝旨施行本州
契勘上件年分計有四百四十五户自承
朝旨已來迨今首尾五年纔放得二十三户臣
竊怪之以謂東南鹽法久爲民患原其造端蓋
自兩浙流衍散漫遂及江南福建流弊之末人
不堪命故詔令之下如救水火今者五年之久
民之疾苦依然尚在　朝廷德澤十不行一何
也推考其故蓋提舉鹽事司執文害意謂非貧
乏不在此數而州縣吏人因緣爲姦以市賄賂
故久而不決竊詳元奏之意本謂積欠歲久前

後官司催納到貫萬不少今來所欠並是貧困
之人既以累經赦恩比類市易只乞與納官本
價錢本部勘當以此並乞依奏仍連狀奉
聖旨施行即是執中所奏欠户自是貧困之人
皆當釋放矣省部行下務從文省止是節略元
奏為其已涉六年見今貧乏無可送納非為更
行勘會須得委是貧乏方可施行至元祐二年
本州再以元豐四年已後至八年登極大赦以
前積欠鹽户奏乞除放省部看詳方始立文如
委是貧乏即依元祐元年九月十八日已降

朝旨施行以顯執中當時所奏並謂見今貧乏
無可送納合行一例除放及節次本州與轉運
司各曾申明省符與元奏詞語不同省部亦已
開折緣元係連狀並依前項所奏施行事理甚
明而主司堅執至今疑惑至使州縣吏人户行
遣一一較量計搆官司買囑隣里尚復多方指
擿以肆覬求待其充欲然後保明遂致其間一
百四十人户已放而復行勘會一百六十五户
申省見勘會而未圓二十五户已圓而申稟監
司及有一户二户旋申省部如此反復多方留

難即五年之久未足為怪也伏惟 仁聖在上
憂民疾苦痞痳不忘惠澤之下宜如置郵傳命
今乃中道廢格以開姦吏乞取之路反使
朝廷之恩獨與奪於州縣庸人之手省部既不
鈞察官吏亦恬不為慮甚非所以仰稱 仁聖
焦勞愛民之意也伏乞昭示德音申飭有司更
不勘會是與不是貧乏無俾姦吏執文害意以
壅隔 朝廷大惠不然或斷以第三等以下並
依上件 朝旨施行則法令簡易一言自足矣
蓋等第素定貧富較然朝行夕至姦吏無措意

也所有元豐四年以後及至八年大赦以前所
欠鹽户亦乞依此施行貼黄契勘熈寧四年以
後止元豐八年登極大赦以前人户積欠共計
五萬三百餘貫若謂非貧乏有可送納即自元
祐元年至今並不曾納到分文顯見有司空留
帳籍虚數以害　朝廷實惠
一伏見熈寧中天下以新法從事凡利源所在皆
歸之常平使者而轉運司歲入之計惟田賦與
酒税而已方是時民財窘亟酒税例皆減耗諸
路既已經費不足上下督責益急故酒務官吏

至有與庸保雜作州縣受官榥事去處亦或為小民諠譁羣飲之肆又不能售往往苟逃罪戾巧為文致誘導無知之民以陷欠負破蕩之禍如許人供通自己或借他人產業當酒是也臣近契勘杭州自承上件指揮以來以產當酒者計一千四百三十三户計錢一十四萬二千九百餘貫前後官司催督監錮繼以鞭笞拘當在官遺之雜業又自收其粗利中間以至係纍犴獄公與私皆擾人與產俱亡十餘年間除已催到一十二萬九千四百餘貫計千二十九户外

尚有餘欠一萬三千四百餘貫計四百四户歲
月既久終不能填償豈非並是困窮無有之人
乎尋檢會元豐四年五月二十一日勅酒務留
當產業依監錢例拘收以其監與酒事同體一
故也今者監錢欠户已准元祐元年九月十六
日及二年九月十八日　朝旨許納場監地頭
官本價錢餘並除放獨酒欠至今未蒙如此施
行豈容事同體一拘收則同而除放則異此無
他蓋有司不能推廣　朝廷德意故也臣愚欲
乞將元豐八年登極大赦以前酒欠人户並依

所欠監錢已得　朝旨并令來前項申明更不

勘會貧乏或斷自第三等以下事理施行不惟

海隅細民並蒙休澤寔亦無偏無黨皇極之道

也

一伏見元豐四年杭州合發和買絹二十三萬一

千匹准　朝旨撥轉運司錢於餘杭等縣委官

置場一十一處收買尋以數内揀下不堪上供

五萬七千八百九十疋計錢五萬五千餘貫却

勒逐場變轉是時錢重物輕一日併出既聲言

行濫不受於官又須元價以冀償足揹之市中

莫有顧者於是官吏惶駭莫知所為不免一切
賒貸及假借官勢抑配在民往往其間浮浪小
人與無賴子弟詭冒姓名朋欺上下元買官吏
苟得虛數還之有司以緩目前之禍其後督責
嚴急必於取償奏立近期專委強吏十餘年間
如捕寇盜除催到四萬六千餘貫外餘欠八千
二百餘貫共二百八十二户並是貧民下户無
所從出與詭冒逃移不知頭主及干繫均納之
人連延至今終不能足惟有簿書以資奸吏追
擾遺害未已今者伏准元祐五年四月初九日

勑諸處見欠鹽鹽和預買青苗錢物元是冒名
無可催理或全家逃移隣里抱認或元無頭主
均及干繫人以此積年未能了絶雖係元請官
本况内有已該元豐八年登極大赦者依
聖旨並特除放歡聲播傳和氣充塞臣於此時
仰知
聖德廣大正使堯湯水旱亦不足慮也
然政有體事有數體雖備而數不能悉言雖不
及而意在是者蓋非俗吏所能知也臣輒不避
僭妄竊詳和買之法以錢與民而收絹猶是補
助耕歛之意公私兩有之利也元豐官吏以絹

與民而收錢又皆行濫弃揹之餘取償倍稱不實之直賖貸抑配以苟免一時失陷之責即是利專自為害專在民也事理人情輕重可見聖恩矜恤宜在所先臣愚以謂元豐四年退賣物帛既同是和買之名又有非法病民之實自合依今年四月九日　朝旨施行外伏望　朝廷深念前項弊害止是出於一時官吏私意非如蠶鹽和預買青苗天下公共之法更賜加察告示矜寬不以有無頭主是與不是冒名及隣里抱認與均及干繫人並特與除放是亦稱物

平施天之道也

右所有四事伏望　聖慈特察臣孤忠志在愛君別無情弊更賜清問左右大臣如無異論便乞出勑施行若後稍有一事一件不如所言臣甘伏罔上誤朝之罪若復行下有司反復勘當必是巧為駮難無由施行臣緣此得罪萬死無悔但恨　仁聖之心本不如此如天降甘雨為物所隔終不到地可為痛惜而況前件四事錢物數目雖多皆是空文必難催索徒使胥吏小人緣而為姦威福平民故臣敢謂放之則損虛名而收實惠不放則存虛數而受實禍利害較

然伏望　聖明特出宸斷天下幸甚臣愚惷少慮言語麄踈干犯　天威伏俟斧鑕謹録奏　聞伏候

勑旨

貼黄臣伏見四方百姓皆知　二聖恤民之心無異父母但臣子不能推行致澤不下流日近以蘇州官吏妄有申明折納籍納一事户部從而立法致已給還産業却行追收人户諳臣哀訴皆云黄紙放了白紙却收有泣下者臣竊深悲之自　二聖嗣位已來恩貸指揮多被有司巧為艱閡故四方皆有黄紙放而白紙收之語

雖民知其實止怨有司然　陛下亦未嘗峻發
德音戒勑大臣令盡理推行則亦非獨有司之
過也況臣所論四事錢物雖多皆是虛數必難
催理除是復用小人如吳居厚盧秉之類假以
事權濟其威虐則五七年間或能索及三五分
若官吏只循常法何緣索得三五年後人户竭
產伍保散亡勢窮理盡不得不放當此之時亦
不謂之　聖恩矣伏見坤成節在近天下臣子
皆以放生為忠度僧為福臣愚無知不識大體
輒敢以此四事為獻伏望留神省覽指揮執政

便與施行導迎天休以益　聖筭其賢於放生

度僧亦遠矣若　陛下不少留神執政只作常

程文字行下一落胥吏庸人之手則茫然如墮

海中民復何望矣臣言狂意切必遭衆怒伏乞

聖慈只行出前件奏狀留此貼黄一紙更不降

出以全孤危庶使愚臣今後每有所聞得盡論

列以報　二聖知遇之恩萬分之一也臣不勝

大願

奏浙西災傷第一狀

元祐五年七月十五日龍圖閣學士左朝奉郎知杭

州蘇軾狀奏右臣聞事預則立不預則廢此古今不
刋之語也至於救災恤患尤當在早若災傷之民救
之於未飢則用物約而所及廣不過寬減上供糶賣
常平官無大失而人人受賜今歲之事是也若救之
於已飢則用物溥而所及微至於耗散省倉虧損課
利官爲一困而已飢之民終於死亡熙寧之事是也
熙寧之災傷本緣天旱米貴而沈起張靚之流不先
事奏聞但務立賞閉糶富民皆爭藏穀小民無所得
食流殍既作然後　朝廷知之始勑運江西及截本
路上供米一百二十三萬石濟之巡門俵米攔街散

粥終不能救飢饉既成繼之以疾疫本路死者五十
餘萬人城郭蕭條田野丘墟兩稅課利皆失其舊勘
會熙寧八年本路放稅米一百三十萬石酒課虧減
六十七萬餘貫略計所失共計三百二十餘萬貫石
其餘耗散不可悉數至今轉運司貧乏不能舉手此
無它不先事處置之過也去年浙西數郡先水後旱
災傷不減熙寧然　二聖仁智聰明於去年十一月
中首發德音截撥本路上供斛㪷二十萬石賑濟又
於十二月中寬減轉運司元祐四年上供額斛三分
之一為米五十餘萬斛盡用其錢買銀絹上供了無

一毫虧損縣官而命下之日所在歡呼官既住糶米
價自落又自正月開倉糶常平米仍免數路稅務所
收五谷力勝錢且賜度牒三百道以助賑濟本路帖
然遂無一人餓殍者此無它先事處置之力也由此
觀之事預則立不預則廢其禍福相絕如此恭惟
二聖天地父母之心見民疾苦匐匍救之本不計較
費用多少而臣愚魯無識但知權利害之輕重計得
喪之大小以謂譬如民庶之家置庄田招佃客本望
租課非行仁義然猶至水旱之歲必須放免欠負借
貸種糧者其心誠恐客散而田荒後日之失必倍於

今故也而況有天下子萬姓而不計其後乎臣自去
歲已來區區獻言屢瀆天聽者實恐　陛下客散而
田荒也去歲杭州米價每㪷至八九十自今歲正月
以來日漸減落至五六月間浙西數郡大雨不止太
湖泛溢所在害稼六月初間米價復長至七月初㪷
及百錢足陌見今新米已出而常平官米不敢住糶
災傷之勢恐甚於去年何者去年之災如人初病今
歲之災如病再發病狀雖同氣力衰耗恐難支持又
緣春夏之交雨水調勻浙人喜於豐歲家家典賣舉
債出息以事田作車水築圩高下殆遍計本已重指

日待熟而淫雨風濤一舉害之民之窮苦實倍去歲
近者將官劉季孫往蘇州按教臣客令季孫沿路體
訪季孫還爲臣言此數州不獨淫雨爲害又多大風
駕起潮浪堤堰圩埠率皆破損湖州水入城中民家
皆尺餘此去歲所無有也而轉運判官張璹自常潤
還所言略同云親見吴江平望八尺閒有舉家田苗
没在深水底父子聚哭以舡栰撈摝云半米猶堪炒
喫青䕢且以喂牛正使自今雨止已非豐歲而況止
不止又未可知則來歲之憂非復今年之比矣何以
言之去年杭州管常平米二十三萬石今年已糶過

十五萬石雖餘八萬石而糶賣未已又縁去年災傷
放稅及和糴不行省倉闕數所有上件常平米八萬
石只了充撥充軍糧更無見在惟有糶常平米錢近
八萬貫而錢非救飢之物若來年米益貴錢益輕雖
積錢如山終無所用熈寧中兩浙市易出錢百萬緡
民無貧富皆得取用而米不可得故曳羅紈帶金玉
横尸道上者不可勝計今來浙東西大抵皆糴過常
平米見在絶數少熈寧之憂凛凛在人眼中矣臣材
力短淺加之衰病而一路生齒憂責在臣受恩既深
不敢别乞閑郡日夜思慮求來年救飢之術别無長

策惟有秋冬之間不惜高價多糴常平米以備來年
出糶今來浙西數州米既不熟而轉運司又管上供
年額斛㪷一百五十餘萬石若兩司爭糴米必大貴
飢饉愈速和糴不行來年青黄不交之際常平有錢
無米官吏拱手坐視人死而山海之間接連甌閩盜
賊結集或生意外之患則誅殛臣等何補於敗以此
須至具實聞奏伏望
聖慈備録臣奏行下户部及
本路轉運提刑兩路鈐轄司疾早相度來年合與不
合准備常平斛㪷出糶救飢如合准備即具逐州合
用數目臣已約度杭州合用二十萬石仍委逐司擘

畫合如何措置令米價不至大叚翔湧收糴得足如
逐司以謂不須准備出糶救濟即令各具保明來年
委得不至飢殍流亡結罪聞奏緣今來已是入秋去
和糴月日無幾比及相度往復取旨深慮不及於事
伏乞詳察速賜指揮臣屢犯 天威無任戰慄待罪
之至謹録奏 聞伏候 勑旨
貼黄臣聞之道路閩中災傷尤甚盜賊頗衆或
云邵武軍有强賊人數不少恐是廖恩餘黨轉
運司見令衢州官吏就近體訪雖未知虛實然
恐萬一有之不可不預慮也

又貼黄臣謹按唐史憲宗謂宰臣曰卿等累言吴越去年水旱昨有御史自江淮按察回言不至為災此事信否李絳對曰臣見淮南浙江東西道狀皆云水旱且方隅授任皆朝廷信重之臣茍非事實豈敢上陳此固非虚説也御史官卑選擇非其人奏報之間或容希媚況推誠之道君人大本茍一方不稔當即日救濟其飢貧況可疑之耶帝曰向者不思而有此問朕言過矣絳等稽首再拜帝曰今後諸道被水旱飢荒之處速宜蠲貸之又按本朝會要太宗嘗

語宰臣曰國家備蓄最是急務蓋以備凶年救人命昨者江南數州微有災旱朕聞之急遣使往彼分路賑貸果聞不至流亡兼無飢殍亦無盜賊之患苟無積粟何以拯救飢民臣近者每觀邸報諸路監司多是於三四月間先奏雨水匀調苗稼豐茂及至災傷須待餓殍流亡然後奏知此有司之常態古今之通患也豐熟不須先知人人争奏災傷正合預備相顧不言若非朝廷廣加採察則遠方之民何所告訴

奏浙西災傷第二狀

元祐五年七月二十五日龍圖閣學士左朝奉郎知杭州蘇軾狀奏右臣近奏為浙西數郡淫雨風濤為害恐災傷之勢甚於去年而常平斛㪷例皆出糶見在數少恐來年民間闕食無可賑濟乞備録臣奏下户部及本路提轉鈐轄司相度合如何擘畫收糴準備出糶未蒙施行今月二十一日二十二日二十三日皆連晝夜大風雨二十四日雨稍止至夜復大雨竊料蘇湖等州風濤所損必加於前若不早作擘畫廣行收糴常平斛㪷準備則來歲必有流殍之憂伏惟

聖慈早賜愍救檢會前奏速賜施行臣別無材

術惟知屢奏喧瀆　聖聽罪當萬死謹録奏　聞伏
候　敕旨

東坡奏議卷第七

東坡奏議卷第八

乞子珪師號狀

繳進應詔所論四事狀 前連元祐五年六月奏狀

乞椿管錢氏地利房錢脩表忠觀及墳廟狀

乞禁商旅過外國狀

元祐五年八月十五日龍圖閣學士左朝奉郎知杭州蘇軾狀奏檢會杭州去年十一月二十三日奏泉州百姓徐戩公案爲徐戩不合專擅爲高麗國雕造經板二千九百餘片公然載往彼國却受酬荅銀三千兩公私並不知覺因此搆合密熟遂專擅受載彼

貨並是大遼國南挺銀絲錢物并有過海祈平安將
入大遼國買賣尋捉到王應昇等二十人及船中行
狀稱有商客王應昇等冒請往高麗國公憑却發船
臨海軍狀申准高麗國禮賓院牒泉州綱首徐成
嘗至今年七月十日杭州市舶司准密州關報據
之民杜絕姦細奉 聖旨徐戩特送千里外州軍編
其徐戩公然交通略無畏忌乃敢於法外重行以蠱
致招來本僧擅將郡況高麗臣屬契丹情僞難測
欲往此尋師學法顯是徐戩不畏公法冒求厚利以
國僧壽介前來以祭奠亡僧淨源爲名欲獻金塔及

入大遼國願子二道本司看詳顯見閩浙商賈因往
高麗遂通契丹歲久跡熟必為莫大之患方欲具事
由聞奏乞禁止近又於今月初十日據轉運司牒準
明州申報高麗人使李資義等二百六十九人相次
到州仍是客人李球於去年六月内請杭州市舶司
公憑往高麗國經紀因此與高麗國先帶到實封文
字一角及寄搭松子四十餘布袋前來本司看詳顯
是客人李球因往彼國交構密熟為之鄉導以希厚
利正與去年所奏徐戩情理一同見今兩浙淮南公
私騷然文符交錯官吏疲於應荅須索假借行市為

之憂恐而自明及潤七州舊例約費二萬四千六百
餘貫未論淮南京東兩路及京師館待賜予之費度
不下十餘萬貫若以此錢賑濟浙西飢民不知全活
幾萬人矣不惟公私勞費深可痛惜而交通契丹之
患其漸可憂皆由閩浙姦民因緣商販為國生事除
已具處置畫一利害聞奏外勘會熙寧以前編勑客
旅商販不得往高麗新羅及登萊州界違者並徒二
年舡物皆沒入官竊原祖宗立法之意正為深防姦
細因緣與契丹交通自熙寧四年發運使羅拯始遣
人招來高麗一生厲階至今為梗熙寧編勑稍稍改

更慶曆嘉祐之法至元豐八年九月十七日勑惟禁
往大遼及登萊州其餘皆不禁又許諸蕃願附舡入
貢或商販者聽元祐編勑亦只禁往新羅所以姦民
猾商爭請公憑往來如織公然乘載外國人使附搭
入貢搔擾所在若不特降指揮將前後條貫看詳別
加刪定嚴立約束則姦民猾商往來無窮必為意外
之患謹具前後條貫畫一如左

一慶曆編勑客旅於海路商販者不得往高麗新
羅及登萊州界若往餘州並須於發地州軍先
經官司投狀開坐所載行貨名件欲往某州軍

出賣許召本土有物力居民三名結罪保明委
不夾帶違禁及堪造軍器物色不至過越所禁
地分官司即為出給公憑如有違條約及海舡
無公憑許諸色人告捉舡物並沒官仍估物價
錢支一半與告人充賞犯人科違制之罪

一嘉祐編勑客旅於海道商販者不得往高麗新
羅及至登萊州界若往餘州並須於發地州軍
先經官司投狀開坐所載行貨名件欲往某州
軍出賣許召本土有物力居民三名結罪保明
委不夾帶違禁及堪造軍器物色不至越過所

禁地分官司即為出給公憑如有違條約及海
舡無公憑許諸色人告捉舡物並没官仍估納
物價錢支一半與告　人充賞犯人以違制論
一熙寧編勑諸客旅於海道商販於起發州投狀
開坐所載行貨名件往某處出賣召本土有物
力户三人結罪保明委不夾帶禁物亦不過越
所禁地分官司即為出給公憑仍備録舡貨先
牒所往地頭候到日點檢批鑿公憑訖却報元
發牒州即乘舡自海道入界河及往北界高麗
新羅并登萊界商販者各徒二年

一元豐三年八月二十三日中書劄子節文諸非
廣州市舡司輙發過南蕃綱舶舡非明州市舶
司而發過日本高麗者以違制論不以赦降去
官原減 其發高麗舡仍依別條
一元豐八年九月十七日勅節文諸非杭明廣州
而輒發海商舶舡者以違制論不以去官赦降
原減諸商賈由海道販諸蕃惟不得至大遼國
及登萊州即諸蕃願附舡入貢或商販者聽
一元祐編勅諸商賈許由海道往外蕃興販並具
人舡物貨名數所詣去處申所在州仍召本土

有物力户三人委保物貨内不夾帶兵器若違
禁以堪造軍器物并不越過所禁地分州為驗
實牒送願發舶州置簿抄上仍給公據方聽候
回日許於合發舶州住舶公據納市舶司即不
請公據而擅行或乘舡自海道入界河及往新
羅登萊州界者徒二年五百里編管

右謹件如前勘會元豐八年九月十七日指揮最為
害事將　祖宗以來禁人往高麗新羅條貫一時削
去又許商賈得擅帶諸蕃附舡入貢因此致前件商
人徐戩王應昇李球之流得行其姦今來不可不改

乞三省密院相度裁定一依慶曆嘉祐編勑施行不惟免使高麗因緣猾商時來朝貢搔擾中國實免中國姦細因徃高麗遂通契丹之患謹録奏　聞伏候

勑旨

申明戸部符節略賑濟狀

元祐五年八月二十五日龍圖閣學士左朝奉郎知杭州蘇軾狀奏臣近以今年浙西數郡大雨不止太湖泛溢所在害稼尋於七月十五日具狀奏　聞乞下戸部及本路轉運提刑兩路鈐轄司疾早相度來年合與不合準備常平斛𣁽出糶救飢如合準備即

具諸州合用數目臣已約度杭州合用二十萬碩仍
委逐司擘畫合如何措置令米價不至大叚翔湧收
糴得足如逐司以謂不須準備出糴救濟即令各具
保明來年委得不至飢殍流亡結罪聞奏今准尚書
戶部符本路轉運提刑鈐轄司准都省批送下八月
四日勅中書省知杭州充兩浙西路兵馬鈐轄蘇軾
奏勘會今年五六月間浙西數郡大雨不止太湖泛
溢所在害稼災傷之勢恐甚於去年伏望下戶部及
本路轉運提刑及兩路鈐轄司相度來年合如何準
備救濟候　勅旨八月四日三省同奉　聖旨依奏

奉勑如右牒到奉行都省批八月五日辰時送戸部
施行内相度仍限半月者右臣竊詳戸部符内止是
節略行下既奉　聖旨依奏即未審元初並依臣所
奏係有司節略為復只依今來戸部符下一節事理
切縁臣前奏所乞如逐司以謂不須準備出糶救濟
即令各具保明來年委得不至飢殍流亡結罪聞奏
之意蓋欲逐司官吏依實相度不敢滅裂須至再具
申明伏乞　朝廷檢會臣前奏逐節事理特賜明降
指揮施行謹録奏　聞伏候　勑旨

相度準備賑濟第一狀

元祐五年九月七日龍圖閣學士左朝奉郎知杭州
蘇軾狀奏准尚書戶部符准　勑知杭州兩浙西路
兵馬鈐轄蘇軾奏勘會今年五六月浙西數郡大雨
不止太湖泛溢所在害稼災傷之勢恐甚於去年伏
望下戶部及本路轉運提刑兩路鈐轄司相度來年
合如何準備救濟奉　聖旨依奏都省批内相度限
半月本司今相度到準備救濟事件如左
一本司勘會去年八九月間杭州在市米價每㪷
六十足至十一月足長至九十五足其勢方踊
貴閒因朝旨寬減轉運司上供額斛三分之一

即時米價減落及本州正月内便行出糶常平
米至七月終共糶一十八萬餘石以此米價無
由增長人免流殍今者在市米見今已是七十
五文足至冬間轉運司收糶上供額斛及檢放
秋稅軍糧恐有闕少亦須和糴取足又本州須
糴常平米二十餘萬石諸州亦各收買似此爭
糴必須踴貴縱使大破官錢收糴得足亦恐來
年闕食小民必不辦高價收買官米至時若米
貴人飢本司必須奏乞減價出賣竊料 仁聖
在上必不忍坐視人飢不許減價約度浙西諸

羅今年必須和糴常平米五十餘萬石準備來
年出糶若價高本重至時每㪷只減十文亦須
坐失五萬餘貫而況饑饉已成流殍不已則
朝廷所以救恤之者其費豈止五萬貫而已哉
欲乞　聖慈特許寬減轉運司今來上供額斛
一半仍依去年例令折價錢置場收買金銀紬
絹上供則　朝廷無所耗失而浙中米價稍平
常平收糴得足來年不至大叚減價出賣耗折
常平本錢一路之人得免流殍為惠不小勘會
去年本司亦乞寬減上供額斛一半准　勑只

許寬減三分之一今來災傷及檢放秋稅次第
皆甚於去年又緣連年災傷民力愈耗合倍加
存卹所以須奏乞寬減一半伏望　聖慈憐愍
一方特依所乞盡數寬減
一勘會熙寧八年兩浙饑饉　朝旨截撥江西及
本路上供斛㪷一百二十五萬石賜本路賑濟
只緣本路奏乞後時不及於事卒死五十萬人
去歲十一月二十九日　聖旨令發運司撥上
供斛㪷二十萬石賜本路減價出糶所費只及
熙寧六分之一然及時濟用倉廩有備米不騰

踊人免流殍本司今來勘會蘇湖常秀等州頻
年災傷人戶披訴已倍去歲檢放苗米亦必加
倍不惟人戶闕食亦恐軍糧不足欲乞檢會去
年體例更賜加數特與截撥本路或發運司上
供斛㪷三十萬石令本路減價出糶或用補軍
糧之闕伏望　聖慈愍念一路軍民特與盡數
應副
右謹件如前本司已具上項事件闕牒本路轉運提
刑司照會相度施行去訖深慮轉運司官吏職在供
餽所有寬減額斛難於自言伏望　聖明以一方生

靈爲心非爲苟寬官吏之責特賜過慮及早施行又況所乞數目雖廣而所耗損錢數不多若待飢饉已成然後賑救則所費十倍無及於事伏乞決自聖意指揮三省更不下有司往復勘當施行謹録奏聞伏候勑旨

相度準備賑濟第二狀

元祐五年九月十七日龍圖閣學士左朝奉郎知杭州蘇軾狀奏近准朝旨令本司及轉運司提刑司相度準備來年被災闕食人戸本司已具二事聞奏乞寬減轉運司上供額斛一半截撥上供米三十萬

碩準備及補軍糧之闕未蒙回降指揮本司再相度
來年準備大計全在廣糴常平斛㪷於正月以後便
行出糶平準在市管價以免流殍之災此外更無長
策今來選差官吏開倉和糴優估米價戒約專㪷不
得乞覓非不嚴切然經今一月並無一人赴倉入中
體問得蓋是蘇湖常秀大叚災傷兼自八月半間至
今陰雨不止災傷之餘所收無幾又少遇晴乾已熟
者不得刈已刈者不得舂有糓無米日就腐壞見今
訪聞蘇秀州在市米價已是九十五文足添長之勢
炎炎未已本司欲便令杭州添價收糴不惟助長米

價為小民目下之患又官本既貴來年難為出糶若
不添錢又恐終是收糴不行來年春夏間闕米出糶
必有流殍之憂竊料至時難以諱言災傷官吏亦須
略具事實聞奏　仁聖在上理無不救必須多方於
鄰路擘畫斛㪷賑濟若不預為之防則恐鄰路無備
臨時擘畫不行須至先事奏乞者右本司勘會去歲
朝旨寬減轉運司上供額斛三分之一却令將折斛
錢買銀絹上供又今年本司亦奏乞寬減額斛一半
如蒙施行即轉運司折斛錢萬數不少又勘會提刑
司今年諸州糴常平米至多所管常平司官錢萬數

不少但有錢無米坐視飢殍為憂不細欲乞　聖慈
過為防慮特勅發運司相度擘畫錢本於江淮近便
豐熟州軍差官置場和糴白米五十萬石嚴賜指揮
須管數足仍般運至眞揚州樁管若令來春本路闕
常平米出糶即令發運司撥發於逐州下卸仍以本
路常平錢充還若至時本路常平米有備不須般運
上件米出糶即就撥充本路轉運司上供額斛却以
寛減折斛錢充還如此即於朝省錢物無所耗損而
於本路生靈億萬性命稍免溝壑之憂謹録奏　聞
伏候　勅旨

貼黄今年災傷實倍去年但官吏上下皆不樂
檢放諱言災傷只如近日秀州嘉興縣因不受
訴災傷詞狀致踏死四十餘人大率所在官吏
皆同此意但此一處以踏死人多獨彰露耳若
朝廷只據逐處申奏及檢放秋稅分數即無由
盡見災傷之實又臣軾切見轉運提刑司所奏
災傷皆無迫切懇至之語朝論必以臣為過當
然臣實見連年災傷父老皆言事勢不減熙寧
民間有錢尚困無米餓死數十萬人況今民間
絶無見錢若又無米則流殍之災未易度量伏

望　聖慈深為防慮若來年人户元不闕食不
須如此擘畫則臣不合過當張皇之罪所不敢
詞縱被誅譴終賢於有災無備坐視人死而不
能救也

乞檢會應詔所論四事行下狀

元祐五年九月二十七日龍圖閣學士左朝奉郎知
杭州蘇軾狀奏右臣今年六月九日輒具　朝廷至
仁寬貸宿逋已行之命為有司所格沮使王澤不得
下流者四事其一曰見欠市易籍納産業　聖恩並
許給還或貼納收贖而有司妄出新意創為籍納折

納之法使十有八九不該給賸其二曰積欠鹽錢
聖恩已許只納產場鹽監官本價錢其餘並與除放
而提舉鹽事司執文害意請非貧乏不在此數其三
曰登極大赦以前人戶以產當酒見欠者亦合依鹽
當錢法只納官本其四曰元豐四年杭州揀下不堪
上供和買絹五萬七千八百九十疋並抑勒配賣與
民不住鞭笞催納至今尚欠八千二百餘貫並合依
今年四月九日　聖旨除放然臣具此奏論經今一
百八日不蒙回降指揮乞檢會前奏四事早賜行下
謹錄奏　聞伏候　勑旨尚書省取會到諸處稱不

曾承受到上件奏狀仍連元狀十二月十八日三省
同奉　聖旨令蘇軾别具聞奏仍仰户部指揮根究
前奏申尚書省

進何去非備論狀

元祐五年十月十八日龍圖閣學士左朝奉郎知杭
州蘇軾狀奏右臣自揣歴薄叨塵侍從常求勝己以
為報國恭惟
先皇帝道配周孔言成典謨雲漢之光藻飾萬物而
臣子莫副其意蓋嘗當食不御有才難之歎伏見承
奉郎徐州州學教授何去非文章議論實有過人筆

勢雄健得秦漢間風力元豐五年以累舉免解荅策

廷中極論用兵利害　先帝覽而異之特授右班殿

直使教授武學不久遂爲博士臣竊揆　聖意必將

長育成就以待其用豈特以一博士期去非而已哉

而去非立志强毅不茍合於當時公卿故莫爲一言

推轂成就之者臣任翰林學士日嘗具以此奏聞乞

換文資置之太學雖蒙恩換承奉郎而今者乃出爲

徐州教授比於博士乃似左遷非獨臣人微言輕不

足取信亦恐　朝廷不見其文章議論無以較量其

人謹繕寫去非所著備論二十八篇附遞進上乞降

付三省執政考覽如臣言不繆乞除一館職非獨以
收羅逸才風曉士類亦以彰　先帝知人之明一經
題目決無虚士書之史冊足為光華若後不如所舉
臣甘伏　朝典謹録奏　聞伏候　勑旨

相度準備賑濟第三狀

元祐五年十月二十一日龍圖閣學士左朝奉郎知
杭州蘇軾狀奏右臣近奉　朝旨相度準備來年賑
濟闕食人戸尋具晝一事件　聞奏内多糴常平以
備來年出糶平準市價一事最為要切見今浙西諸
郡米價雖貴然亦不過七十足竊度來年青黄不交

之際米價必無一百以下至時若依元價出糶猶可以平壓翔踊之患終勝於官無斛㪷坐視流殍而提刑司專務靳惜兩三錢遍行文字減勒官估臣已指麾杭州不得減價依舊作七十收糴見今亦不過糴得三萬餘石其餘諸郡不敢有違訪聞蘇秀最係出米地分見今不過糴得二三萬石而湖州一處災傷為甚提刑司已指麾本州住糴却令蘇州撥常平米五萬石與湖州又令秀州撥十萬石與杭州若湖得五萬石猶恐未足於用而蘇秀撥十五萬石深慮逐州不免妨闕若新糴不多即是兩頭闕事而般運水

脚兵稍有偷盜耗失之費亦與所減兩三錢不爭若使來年官米數少不能平壓市價致有流殍更煩
朝廷截撥斛㪷散與飢民則為十倍之費乃是所減毫毛而所損丘山大為非策訪聞諸郡富民皆知來年必是米貴各欲廣行收糴以規厚利若官估稍優則農民米貨盡歸於官此等無由乘時射利吞併貧弱故造作言語以搖官吏皆言多破官錢深為可惜若便為減價住糴正墮其計況今來已是十月下旬不過更一二十日即無收糴縱却添價亦不及事恐有悞來年出糴大事所以須至別作擘畫仰訴　朝

廷緣臣先於九月十七日曾奏乞下發運司於豐熟
近便州軍和糴五十萬石以備常平米不足般取出
糶却以本路常平錢還發運司若常平米足用即充
本路轉運司上供米仍以額斛錢撥還兼勘會淮南
大熟揚州高郵軍米價甚平若行此策顯無妨害伏
望 聖慈檢會前奏速賜施行與此一方連年被災
之民廣作準備謹錄奏 聞伏候 勑旨

相度準備賑濟第四狀

元祐五年十一月二十一日龍圖閣學士左朝奉郎
知杭州蘇軾狀奏右臣勘會今年本路風水之災倍

於去年本司累具合行救濟事件聞奏伏料　仁聖
在上必已矜察見今蘇湖杭秀等州米價日長杭州
所糴麤米以備出糶每㪷不下六十七至七十足錢
猶自收糴不行恐須至更添錢招買方稍足用竊計
開春米價必是翔踴若依條不虧元價出糶則官本
已重小民艱於收糴無以救濟貧下平準市價若奏
乞減價出糶又恐耗失常平官本亦非長策貼黄常平錢米豐凶之際平準物價以救民命繫利害至重本司已累奏乞指揮諸路專行糶糴不得別將他用如召募飢民興土功水利之類有出無入即漸耗散伏望朝廷留意　杭州裏外見管義倉米四萬餘石準備災
傷之年並許俵散賑濟本州相度若待饑饉已成方

將上件義倉米盡行俵散亦未能盡濟飢民惟是開
春已後纔見在市米價增長即便將義倉常平米賤
價出糶但市價不長則一郡之民人人受賜今來起
請欲乞將常平米除係三年以上依條合減價外其
餘並每㪷減五文內係今年貴價收糴者每㪷減二
十文足出糶仍將義倉米隨色額估定賤價一處出
糶所收錢並用塡還常平所虧官本錢如塡還足外
尚有剩數亦許撥塡本路別州常平米所虧官本錢
仍下浙西諸郡依此體例施行所貴本路明年飢民
普得賤米喫用全活億萬性命其利至博而其實止

於耗却義倉元不破官本米貨十餘萬石況自有條
災傷之歲許將義倉米俵散但俵散之所及者狹不
如出糶之利所及者廣伏望　聖慈特出宸斷早賜
施行謹録奏　聞伏候　敕旨
貼黄本司相度來年艱食之勢深可憂畏若候
饑饉已成疾疫已作　仁聖在上必須廣作擘
畫錢米救濟其費必相倍蓰若行本司所奏開
春便行出糶則米價不長億萬生聚人人蒙賜
縁今年已是十一月末乞速賜施行所貴正月
内便得開倉出糶

乞擢用劉季孫狀

元祐五年十一月日龍圖閣學士左朝奉郎知杭州蘇軾狀奏右臣自少聞趙元昊冦延州危急環慶將官劉平以孤軍來援姦臣不救平遂戰沒竟罵賊不食而死平有數子皆才用絶人不幸早世今臣所與同僚路分都監左藏副使劉季孫則平之少子篤志力學博通史傳工詩能文輕利重義雖文臣中亦未易得而其練達武經講習邊政乃其家學至於奮不顧身臨難守節以臣度之必不減平今平諸子獨有季孫在而年已五十有八雖備位將領未盡其用伏

望　朝廷特賜採察擢置邊庭要害之地觀其設施
別加陞進不獨爲忠義之勸亦以廣文武之用如蒙
朝廷擢用後犯入已贓及不如所舉臣甘伏　朝典
謹録奏　聞伏候　敕旨

乞子珪師號狀

元祐五年十二月日龍圖閣學士左朝奉郎知杭州
蘇軾狀奏勘會杭州平陸本江海故地惟附山乃甘
泉其餘井皆鹹苦唐刺史李泌始引西湖水作六井
其後白居易亦治湖浚井以足民用嘉祐中知州沈
遘增置一大井在美俗坊今謂之沈公井最得要地

四遠取汲而創始滅裂水常不應至熙寧中六井與沈公井例皆廢壞知州陳襄選差僧仲文子珪如正思坦四人董治其事修完既畢歲適大旱民足於水為利甚愽臣為通判親見其事經今十八年沈公井復壞終歲枯涸居民去水遠者率以七八錢買水一斛而軍營尤以為苦臣尋訪求熙寧中修井四僧而三人已亡獨子珪在年已七十精力不衰問沈公井復壞之由子珪云熙寧中雖已修完然不免以竹為管易致廢壞遂擘畫用瓦筒盛以石槽底蓋堅厚錮捍周密水既足用永無壞理又於六井中控引餘波

至仁和門外及威果雄節等指揮五營之間創為二
井皆自來去井最遠難得水處西湖甘水殆遍一城
軍民相度若非子珪心力才幹無緣成就緣子珪先
已蒙恩賜紫欲乞特賜一師號以旌其能者右臣體
問得靈石多福院僧子珪委有戒行自熙寧中及今
兩次選差修井營幹勞苦不避風雨顯有成効如蒙
聖恩賜一師號即乞以惠遷為號取易所謂井居其
所而遷之義謹錄奏　聞伏候　敕旨

繳進應詔所論四事狀 前連元祐五年六月奏狀

元祐六年正月九日龍圖閣學士左朝奉郎知杭州

蘇軾狀奏右臣去年六月具狀奏聞乞申明給還市易折納產業及除放積欠鹽錢并人戶欠買退綃錢四事未蒙回降指揮今月五日准元祐五年十二月十九日尚書省劄子會到諸處稱不曾承受到上件奏狀十二月十八日三省同奉聖旨令臣別具聞奏者今重具到元奏狀繳連在前謹録奏聞伏候

敕旨

貼黃臣竊見浙中州縣市井人煙比二十年前不及四五所在酒稅課利虧欠只如杭州酒務課利昔年三十餘萬貫今來只及二十餘萬貫

其它大率類此　朝廷力行仁政不爲不久而公私凋耗終不少蘇蓋是商賈物貨元未通行故也自來民間買賣例少見錢惟藉所在有富實人戶可倚信者賒買而去歲之往來常買新貨却索舊錢以此行商坐賈兩獲其利今淅中州縣所理私債太半係欠官錢人戶官錢尚不能足私債更無由催以此商旅不行公私受害若行此四事則官之所失止是虛數而人戶一蘇三二年間商旅必復通行酒稅課利漸可復舊所補不小

乞椿管錢氏地利房錢修表忠觀及墳廟狀

元祐六年二月二十八日龍圖閣學士左朝奉郎知杭州蘇軾狀奏檢准熙寧十年十月十一日中書劄子節文資政殿大學士右諫議大夫知杭州趙抃奏伏見故吴越國王錢氏有墳廟在本州界欲乞兩縣應管錢氏諸墳廟每縣選委僧道一名專切主管内錢塘縣界文穆王元瓘等二十六處墳廟勘會當州天慶觀道正通教大師錢自然本錢氏直下子孫欲令錢自然永遠住持并臨安縣界武肅王鏐等墳廟一十一處今召到本縣淨土寺賜紫僧道徵乞依錢

自然例主管又勘會得文穆王元瓘墳廟并忠獻王
仁佐墳並在龍山界其側有香火妙因院本錢氏建
造見是道正錢自然權令徒弟道士在彼看守欲望
改賜觀額令錢自然已下徒弟永遠住持漸次修葺
兼得就便照管墳廟不至荒廢奉敕依奏其錢塘妙
因院特改賜表忠觀爲額并臨安淨土寺令尚書祠
部每遇同天節各特與披剃童行一名又准元豐五
年三月十八日中書劄子節文皇城使慶州防禦使
錢暉等奏臣等先臣祠廟在杭越二州者五所墳壠
在錢塘臨安兩縣者六十餘處獨臨安有田園房廊

歲收一千三百四十貫有奇太平興國已後寄納本
縣至大中祥符間本處申明蒙　朝旨令杭州樓店
務於軍資庫作臣家錢寄納日後不曾請領近歲先
臣祠廟例皆摧塌私家無力修葺前項寄納錢數雖
多切緣年歲深遠不敢更乞支給今只乞降指揮下
杭州許將臨安縣舊田園房廊撥還臣家庶收歲課
漸次完補墳廟謹録奏　聞伏候　勑旨右奉
聖旨宜令杭州每年特支錢五百貫與表忠觀置簿
拘管只得修葺墳廟不得别將支用劄付杭州准此
者臣檢會熙寧十年七月二十六日據管内道正錢

自然狀乞將臨安縣祖先置到產業每年收掠賃錢
一千三百五十四貫修葺諸處墳廟此時差官檢計
到錢塘臨安縣所管錢氏墳廟委是造來年深木植
朽損共合用工料價錢一萬二千八百九十貫九百
九十九文及臨安縣勘會到管納錢氏歸官房廊田
產等賃錢年納一千三百五十四貫三百四十文省
送納軍資庫尋係本州申奏乞將臨安縣管催上件
賃錢支撥修葺約計九年方得完備直至元豐五年
內因皇城使錢暉等奏乞方准當年三月十八日中
書劄子奉　聖旨每年特支錢五百貫與表忠觀修

葺墳廟不得別將支用自後至元祐五年雖支得四
千五百貫省蓋爲廟宇舊屋間架元造廣大一百餘
年不曾修治例皆損塌須得一起修葺稍可完補若
每年只支得五百貫雖逐旋修得大段倒損去處又
爲連接屋宇數多隨手損塌自熈寧十年檢計只今
又及一十四年尋於去年再差官重行檢計到兩縣
墳廟已修再損未及修屋宇神像等共合用工料價
錢内臨安縣四千三百五十八貫一百四十四文省
錢塘縣一萬二千五百二十貫五百九十一文省兩
縣共合用工料價錢計一萬六千八百七十八貫七

百三十五文省須至奏陳者右臣竊惟錢氏之忠著
於甲令朝野共知不待臣言而墳廟荒毀行路嗟傷
就使 朝廷特賜錢物為之修完猶不為過而況本
家自有地利房錢可以支用豈忍利此毫末歸之有
司恭惟 神宗皇帝深念錢氏之忠特改妙因院賜
名表忠觀仍使其裔孫道士錢自然住持而有司不
能推明 聖意奏乞盡數撥還地利房錢以助修完
經今十四年表忠觀既未成就而諸處墳廟依前荒
毀使 先帝表顯忠臣之意徒為空言臣愚欲望
聖慈特許每年臨安縣所收地利房錢一千三百五

十四貫三百四十文省令表忠觀每遇修本觀及杭
越州諸墳廟即具所修名件及合用錢數赴州請領
仍候修造了差官檢計具委無大破保明申州所貴
事體稍正毋使小民竊議謹録奏　聞伏候　勑旨

貼黄如蒙　朝廷依奏即乞指揮本州將逐年
所收到上件地利房錢令須樁管只得充修造
表忠觀及錢氏墳廟使用官私不得别行支借
使用

東坡奏議卷第八

[illegible]